CONTENIDO

¿Quién te lleva hasta allí?

Casi todos los días muchos niños van a la escuela y muchos adultos a trabajar. Durante los días de descanso, disfrutan con los amigos y la familia. Pero ¿quién te lleva a todos esos lugares cada día de la semana? El conductor de autobús te lleva donde necesites ir.

CONDUCTORES DE AUTOBUSES

CHRISTINE HONDERS

TRADUCIDO POR ROSSANA ZÚÑIGA

PowerKiDS press™

New York

Published in 2020 by The Rosen Publishing Group, Inc.
29 East 21st Street, New York, NY 10010

First Edition

Translator: Rossana Zúñiga
Spanish Editor: Alberto Jiménez
Editor: Greg Roza
Book Design: Reann Nye

Photo Credits: Cover, p.1 New Africa/Shutterstock.com; pp. 4–22 Abstractor/Shutterstock.com; p. 5 Africa Studio/Shutterstock.com; p. 7 Photo By Tom Carter/Photographer's Choice/Getty Images Plus/Getty Images; p. 9 Pat Shrader/Shutterstock.com; p. 11 Andersen Ross Photography Inc/DigitalVision/Getty Images; p. 13 Image Source/Getty Images; p. 15 Copyright Artem Vorobiev/Moment Open/Getty Images; p.17 Monkey Business Images/Shutterstock.com; p. 19 Jaren Jai Wicklund/Shutterstock.com; p. 21 K.Sorokin/Shutterstock.com; p. 21kali9/E+/Getty Images.

Library of Congress Cataloging-in-Publication Data

Names: Honders, Christine, author.
Title: Conductores de autobuses / Christine Honders.
Description: New York : PowerKids Press, [2020] | Series: Trabajadores de nuestra comunidad | Includes index.
Identifiers: LCCN 2019011611| ISBN 9781725312654 (pbk.) | ISBN 9781725312678
 (library bound) | ISBN 9781725312661 (6 pack)
Subjects: LCSH: Bus drivers–Juvenile literature.
Classification: LCC HD8039.M8 H66 2020 | DDC 388.3/22023–dc23
LC record available at https://lccn.loc.gov/2019011611

Manufactured in the United States of America

CPSIA Compliance Information: Batch #CWPK20. For Further Information contact Rosen Publishing, New York, New York at 1-800-237-9932.

Hacen las calles más seguras

Quienes toman un autobús de la ciudad corren menos peligro de tener algún **accidente** en las carreteras. Usar el **transporte público** es mucho más seguro que conducir un auto; tomar el autobús es una de las formas más seguras de llegar a la escuela todos los días.

Buenos conductores

El autobús es más seguro que
el auto, en parte porque circula más
despacio. A veces, dispone de carriles
especiales que los autos no pueden
usar. El autobús escolar
lleva asientos altos y acolchados,
muy juntos, lo que aumenta
la seguridad en caso de algún
accidente. Los conductores deben
obtener una capacitación para
este trabajo.

9

Capacitación necesaria

Los conductores deben capacitarse para conducir **vehículos** grandes como los autobuses. Aprenden las normas de tráfico y a detectar las fallas cuando el autobús se avería. También aprenden qué hacer para mantener a todos seguros cuando se presenta algún problema.

Normas del autobús escolar

Los autobuses escolares tienen normas especiales. ¡Los conductores de autobuses escolares se aseguran de que los estudiantes las respeten! Permanecer en tu asiento hasta que el autobús llegue a tu parada; hablar en voz baja y no gritar; no molestar a los demás... Debes seguirlas para mantenerte a salvo en el autobús.

Transporte escolar en la gran ciudad

Los conductores de autobuses de la ciudad saben cuántas personas pueden viajar a la vez en el autobús de manera segura. Conocen su **ruta** y cuándo llegan a cada parada. Saben conducir junto a muchos otros vehículos. Observan a la gente que camina o monta en bicicleta por la calzada.

Un rostro amigable

El conductor del bus tal vez sea una de las primeras personas que veas por las mañanas. ¿No hace tu día mejor cuando te sonríe? Algunos conductores de autobús conocen muy bien a sus pasajeros. Saben tratar a las personas, son amigables y hacen sentirse **cómodos** a quienes transportan.

Ayudan a las personas

Algunos utilizan los autobuses porque no tienen autos. Ciertos autobuses cuentan con dispositivos especiales para que las personas con **discapacidades** puedan subir y viajar en ellos. También ayudan a mantener a los conductores peligrosos alejados de las carreteras; si alguien está muy cansado para manejar, puede tomar el autobús.

Ayudan a nuestro planeta

¡Los conductores de autobuses ayudan a nuestro planeta! Más gente en ellos significa menos autos en las vías públicas. Esto supone menos **contaminación** en el aire. Tomar el autobús también reduce el consumo de combustible. En la actualidad, cada vez más ciudades cuentan con autobuses eléctricos.

Mantener a la comunidad en movimiento

Si tomas el autobús, esperas que esté ahí todos los días para recogerte y llevarte a casa. Los autobuses llevan a la gente en forma segura a escuelas, a trabajos y a cualquier parte del país. Pero esto no sería posible sin conductor: son ellos quienes... ¡nos mantienen en movimiento!

GLOSARIO

accidente: evento repentino y perjudicial que no se planea ni se desea.

cómodo: a gusto.

contaminación: algo que hace que la tierra, el agua o el aire estén sucios o sean perjudiciales para la salud.

discapacidad: condición que limita las habilidades de las personas.

transporte público: servicio utilizado por las personas de una comunidad para desplazarse de un lugar a otro.

ruta: camino o recorrido de viaje de un lugar a otro.

vehículo: máquina que se utiliza para trasladar personas o cosas de un lugar a otro.

ÍNDICE

SITIOS DE INTERNET

Debido a que los enlaces de Internet cambian constantemente,
PowerKids Press ha creado una lista de sitios de Internet relacionados con el tema de este libro.
Este sitio se actualiza con regularidad. Por favor, utiliza este enlace para acceder a la lista:
www.powerkidslinks.com/HIOC/busdrivers